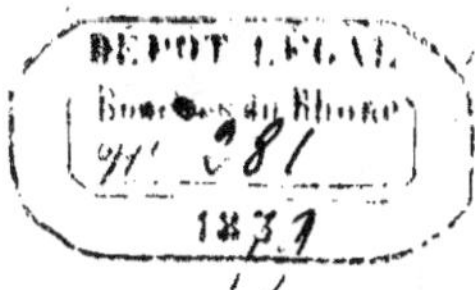

ALLOCUTION

PRONONCÉE

A L'OCCASION DU MARIAGE

DE

M. LE COMTE GEORGES DE SINÉTY

ET DE

MLLE ELISABETH DE LYLE-TAULANE

Le 8 Septembre 1879, à Taulane

PAR

M. LE CHANOINE ANT. RICARD

Professeur de Dogme à la Faculté de Théologie d'Aix

MARSEILLE

IMPRIMERIE ET LITHOGRAPHIE JOSEPH CHAUFFARD

20, RUE DES FEUILLANTS, 20

1879

ALLOCUTION

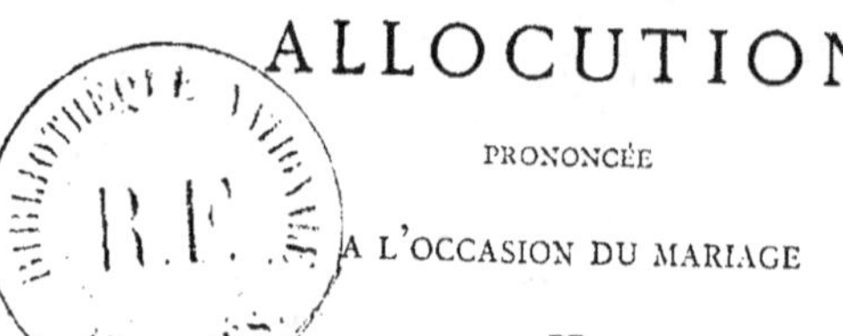

PRONONCÉE

A L'OCCASION DU MARIAGE

DE

M. LE COMTE GEORGES DE SINÉTY

ET DE

Mlle ELISABETH DE LYLE-TAULANE

Dans une des plus glorieuses pages de l'Évangile, on lit : « Il y eut des noces à Cana..... Jésus y « était. Il y avait aussi Marie, sa mère, et ses dis- « ciples. »

Ce jour-là fut grand dans l'histoire de l'humanité. Le divin Sauveur des hommes, venu pour restaurer toutes choses, sortait du fleuve de la pénitence, où il était entré pour sanctifier l'eau, qui sera la matière du Sacrement de la régénération spirituelle. Voilà qu'il se montre encore, traversant cette fête des noces de Cana, et la glorifiant par un miracle, pour honorer à jamais le mariage, Sacrement futur qui purifiera la source de la vie.

C'est notre grand Bossuet qui a fait cette remarque. Par sa présence à ces noces célèbres, Jésus-Christ a abrité le mariage, et dès lors la famille, derrière ce double mur de granit qui défiera les siècles et sauvera le monde, souvent malgré ce monde lui-même, — nous le voyons bien, jusqu'à cette heure, où plus que jamais la question de la sainteté du mariage est mise en discussion et en péril — je veux dire, le double mur du Sacrement et de l'Indissolubilité.

Depuis ce jour, Jésus s'est assis bien souvent aux noces de ses régénérés, et Marie y est avec lui, et ses disciples aussi. C'est le spectacle que présentent toujours les noces chrétiennes. C'est le spectacle, jeunes époux, que vous offrez, en ce moment si solennel de votre vie, à vos anges du ciel et à l'Église de la terre.

Ah ! vous avez bien fait d'imiter les fiancés de Cana. En invitant le Maître à présider ce beau jour, en vous abritant sous le regard de la médiatrice du premier miracle de Jésus, en demandant aux disciples du divin fondateur de l'Église, de faire de votre union un mariage solennellement chrétien, vous avez prouvé que, si, dans vos vieilles traditions de famille, noblesse a toujours obligé, à cette époque, plus que jamais, la noblesse de la foi, qui vous est plus chère encore que celle du sang, doit s'affirmer et, pour dire un mot qu'on nous reproche quelquefois, parce qu'il est profondément catholique, doit se manifester.

Aussi, quand une consolation, pareille à celle que vous lui donnez aujourd'hui, est réservée à l'Église, elle tressaille et elle entonne avec confiance les sublimes éphitalames, que tantôt le prêtre, interrompant le sacrifice, récitera sur vous.

C'est que l'Église se souvient. Fidèle à l'héritage des enseignements qu'elle a reçus, elle maintient le double rempart dont je parlais tantôt; elle veille et pas une brèche ne s'ouvrira dans la cité qu'elle défend, dût cette cité se restreindre, dût l'Église voir se détacher de son sein des nations entières, révoltées contre la doctrine qu'elle est chargée de maintenir.

L'Église se souvient. Elle sait qu'un jour, sur une hauteur sanglante, le Dieu fait homme a voulu réaliser le sacrement dont celui-ci n'est que la figure, selon la belle doctrine de Saint Paul, enseignant que le mariage symbolise l'union mystique de l'Eglise et de son Époux divin.

Rien n'ébranlera cette fidélité du souvenir. La persécution pourra frémir et menacer : l'Église ira au-devant des persécuteurs, elle répètera devant leurs colères le *non licet,* qui irrite les Hérodes et fait couler le sang des martyrs. Elle ne s'inclinera devant aucun caprice hérétique et elle maintiendra sa foi contre tous les tyrans, qu'ils s'appellent César ou qu'ils s'appellent la multitude.

On sait ces choses dans votre famille, Monsieur, et, il ne faudrait pas fouiller longtemps, dans nos annales de Provence, depuis ce XVᵉ siècle où le bon roi René vous fit provençal, pour y trouver de vaillants défenseurs de la foi contre l'hérésie et contre le schisme. L'histoire de nos guerres de religion, les annales de nos Rois, les cahiers des derniers États-Généraux, les archives de l'Évêché d'Apt, les fastes de la marine française, et jusqu'aux souvenirs de cette compagnie de Saint-Sulpice qui a fait le clergé de France, font briller, en bien des pages, le nom que vous portez, de cet éclat que le cygne de vos armes a fixé avec une incomparable vérité. Les vôtres ont toujours brillé de cette splendeur qui ne connaît jamais de tache, et la foi, la foi sincère qui s'affirme par des actes, a maintenu immaculé votre blason : *Virtute nitet !*

Là où la Providence vous a conduit jusqu'ici, partout, vous avez gardé la dignité qu'imposent de pareils héritages, et, sur les champs d'honneur où la science vous appelait, au service du pays, vous n'avez cessé d'être et de vous montrer le petit-fils de la Sainte, comme la voix populaire appelait votre aïeule vénérée, à Aix, dans la première moitié de ce siècle.

Vous voyez, Mademoiselle, quel époux digne de votre cœur si délicat et si parfait, l'ange de votre noble famille vous réservait, pour continuer par vous, en Provence, les traditions de vos deux races.

Soyez sans inquiétude, je respecterai les délicatesses de votre modestie, et je ne dirai point combien vous êtes digne, vous-même, de ce cœur généreux qui se donne à vous avec une tendresse confiante de la réciprocité.

L'Écriture dit quelque part : « Souvenez-vous, mon « fils, des enseignements de votre Père ! » C'est votre lot. Vous vous êtes souvenu déjà et vous vous souviendrez toujours, le long de cette carrière qui s'ouvre aujourd'hui devant votre vie, vous vous souviendrez de votre noble Père, comprenant que le gentilhomme français ne devait pas user sa vie dans le vide de l'oisiveté, rétablissant aux yeux de ce peuple qui vous entoure en ce moment de respectueuse mais si vive sympathie, l'honneur de l'agriculture, le premier et le plus noble emploi de l'activité humaine. Vous vous souviendrez de votre pieuse Mère, entourant votre berceau et suivant votre jeunesse de la plus vigilante sollicitude. Vous vous souviendrez de cette Sœur bien-aimée, qui, après avoir été d'abord la compagne tendrement affectionnée de votre éducation, est devenue votre modèle de vie conjugale.

Vous vous souviendrez aussi, — ah ! laissez-moi évoquer cette image, dût-elle attrister un instant notre fête ! — vous vous souviendrez que, à une date récente, le nom de vos nobles aïeux se mêlât au premier nom de Provence, et que vous êtes, vous aussi, de cette grande famille des Pontevès, dont le dernier chef, laissera, dans mon cœur comme dans le vôtre, une impérissable mémoire. Vous me pardonnerez d'avoir rappelé, en ce jour, le nom de notre cher et regretté duc de Sabran-Pontevès, puisque c'est à lui que je dois de vous avoir connus et d'avoir eu l'honneur de devenir l'ami des vôtres, parce que j'étais le sien.

Oui, quand on s'est souvenu comme vous l'avez fait, on est en droit de compter qu'on sera protégé et béni de toutes les bénédictions du ciel !

Vous y avez droit, nous le demandons dès lors avec plus de confiance au Dieu qui unit ce que l'homme ne peut disjoindre. Tous ici, ceux que vous voyez émus de votre bonheur, et ceux que les anges seuls voient autour de vous, le demanderont avec le prêtre, si heureux que vous ayez voulu que son ministère se doublât aujourd'hui des sentiments de l'ami, pendant le sacrifice qui va consacrer votre union, en la couronnant et la bénissant de la présence et des miracles de Jésus-Christ.

Marseille. — Imp. Joseph Chauffard, rue des Feuillants, 20.

www.ingramcontent.com/pod-product-compliance
Lightning Source LLC
LaVergne TN
LVHW010302060726
842527LV00007B/2814